배고픔이 고양이를 울고 갔다

문학들 시인선 020

송태웅 시집

배고픔이 고양이를 울고 갔다

문학들

시인의 말

어떻게 있어도
반드시 웃는 얼굴인
잠든 물개들을 보다가

어떻게 있어도
반드시 외로운 얼굴인
잠든 누군가를 쓰다가

송태웅

차례

5   시인의 말

제1부

13   배고픔이 고양이를 울고 갔다
14   새들은 고양이들은
15   두메부추
16   아침 산책
18   견두산맥을 바라보며
20   모래들에게 묻는다
22   에릭 사티
24   노고단 오르는 길
26   전어
28   숲속 길
30   입추
32   석탑
34   보칼리제
35   저녁 화엄사

제2부

- 39 불 켜지 않은 등대 – 땅끝 1
- 41 몽돌해변에서
- 42 섬
- 43 먼 곳보다 더 먼 – 땅끝 2
- 44 평균율
- 46 바다보다 더 먼 마을 – 땅끝 3
- 47 강아지와 강아지
- 48 아침 바다 – 땅끝 4
- 50 벚나무 한 그루
- 52 심야에 내리는 비
- 54 네 숨소리로 밀생하는 은빛 멸치떼 – 땅끝 5
- 56 이유기
- 58 압해도

제3부

63 귀명창 – 문척 1
64 야행 – 문척 2
66 참회 – 문척 3
67 불꽃놀이 – 문척 4
68 너 없는 빈 집에서 – 문척 5
70 혼자 잠든 남자 – 문척 6
72 문척 작은다리 – 문척 7
74 송광사 일박
76 각황전
78 천은사 가는 길
80 천은 저수지
82 보성강변을 지나며
84 자귀꽃 1
86 자귀꽃 2
87 단풍나무들

제4부

- 93 새들은
- 94 알렉산드로스라는 이름의 새
- 95 새와 나
- 96 휘파람새
- 98 토요일의 명상
- 100 봄날들
- 101 백로白露
- 102 와온 바다
- 104 사람의 아들
- 106 1989년 5월 어느 날로부터 온 편지
- 107 봉성산 공원에서
- 108 토란잎에 뒹구는 물방울 하나
- 110 심야의 편의점
- 112 꽃과 쇠
- 113 무당새 날아오는 오후

- 117 **해설** 섬에서 다시 '섬'을 노래하는 21세기의 노마드 _ 김규성

제1부

배고픔이 고양이를 울고 갔다

바람 소리가 대숲을
쓸고 갔고
배고픔이 고양이를 울고 갔다
추위가 보일러를 건드리다 갔고
나는 한사코 당신을 울지 않았다

내가 당신을 울면
당신은 전깃줄에 매달려 감전당한
전기공처럼
위태로워질 것이기에

새들은 고양이들은

11월 29일을 비가 두들기고 엄습한 추위는 빚을 갚으라고 을러대는 흥신소 직원의 낯선 전화번호 같다 나는 두툼한 옷을 껴입고서 마당을 걸어 보았다 마당의 정적을 지켰던 새들도 고양이들도 자취를 감추었다 나는 전기난로를 켜고 얼굴이 붉게 물들었지만 그들은 추위를 뒤집어쓰고서 추위를 이겨 내려 할 것이다 새들은 고양이들은 어디에 신발을 벗어 두고 누울까 내가 벗어 둔 신발코들이 일제히 방을 향하고서 두런두런 이야기를 나눌 때 내가 보일러로 물을 데워 몸을 씻고 이불 속에 들어갈 때 새들은 고양이들은

두메부추

 자정 넘은 시간에 읍내로 차를 몰고 나가 라면과 맥주를 사 왔다 화엄 능선의 그늘에 깃들이기 벌써 8년이 되었나 저녁 바람이 볼을 어루만지는데 천수경 독경 소리가 들렸다 배고픔과 목마름을 나는 그 또렷한 인자印字들과 바꾸었다 추석이 가까워져서 어릴 때 어머니와 아버지 형과 누나들 빙 둘러앉아 이제 갓 돌 지난 동생 어루면서 집안 가득 채우던 웃음소리들이 스쳐 간다 돌아오지 않는 기억들을 떠올리며 이제 이순을 눈앞에 둔 내가 심한 갈증이 났나 보다 내일은 마당의 풀을 깎아야겠다 풀들에 섞여서도 꽃을 피우는 두메부추가 살아 있는 한 나도 들끓는 삶의 와중에 있는 거다 지리산맥 아래에서 내가 망팔 망구로 늙는다 할지라도 나는 여전히 열아홉 순정인 거다

아침 산책

감나무에 매달린 감들이
때까치들에게 몸을 내어 주고 있었다
티벳 사람들이 한다는
조장鳥葬을 나는 보고 있는가
사진을 찍으려다가 흐린 하늘 아래의
저 엄숙을 방해하기는 싫었다

이 길은 천은사에서 화엄사로 이어지는
둘레길이어서 누군가를 데려오고도 싶었지만
반년이나 지난 지금껏
나는 아직 아무도 데려오지 못했다

괜찮아라는 위로는
실은 괜찮지 않다는 말로도 들린다
신경쇠약이거나
오감의 작동이 지나치게 항진된 것이거나

며칠 전에 배달되어 온
누군가의 시집을 뜯어 보았다

시는 둘 중의 하나라는 생각을 했다
꽃의 실존이거나
실존의 꽃이거나

정지된 사물에 대해 사고하거나
사고하기 위해 스스로 움직이거나

견두산맥을 바라보며

일요일 아침 빨래를 해서 널고 있는데
오미리에 사는 동생이 김장 김치를 들고 왔다
11월 말의 하늘은 은근한 한기를 품고서
맑고도 투명하게 극한의 고도로 올라서 있었다
곡성 쪽의 견두산맥을 바라보며
사립문에서 헛간까지를 소요하였다
원고 마감을 재촉하는 두 군데에서의 압박이
나를 사립문 밖으로 못 나가게 하였다
철제 대문의 밖에서 얼굴을 보여 주지 않은 채
골목을 쓰는 비질 소리가 들려왔다
지리산이 내 서른 살을 매혹하던 시원이었다면
견두산은 내 쉰 살을 절치부심하게 하던 현장이었다
서른 무렵에 지리산 칠선계곡을 동행한 선배는
대륙폭포에서 쉬다가 저기 저 능선
어디쯤을 오르고 있을 여자의 이름을 불렀다
쉰 중반이 되어 나는 작업 연장과 목재들을 둘러메고
견두산의 등산로를 정비하기 위해 산에 올랐다
평생 책상물림이었던 내가
죄다 일본어뿐인 작업 현장에서 좌충우돌하였다

그 일은 연습하기 힘든 난해한 연극의
대사와 동작 같은 것이었다
촛농처럼 진득하게 흐른 땀으로 범벅이 되어
살아남은 포로처럼 간신히 귀환해야 했다
삶이란 잔혹한 전투였다
1차대전 당시의 참호 전투가 이런 것이었을까
4월은 잔인한 달이라는 시구가 거기서 나왔을까
하지만 나는 아무런 내색도 하지 않으려 애썼다
삶은 누구에게나 공평해야 한다고 믿었다
나도 비로소 안온한 삶에서 깨어나고 있었으니

모래들에게 묻는다

그대들은 바위에서 떨어져 나온 오랜 기억을 품고
날마다 제 살을 깎는 아픔으로
물살의 살가움을 노래했다지
저무는 석양에 강가에 가서 모래들에게 묻는다
서산으로 저무는 석양은
어떻게 저리 절묘한 색채로 우아할 수 있는지
고양이들은 풀숲과 세워진 자동차 밑을 오가며
하룻밤 쉴 곳을 찾아 헤매고
나는 국민임대주택 입주자 모집 공고문을 뒤적이며
6.6평 아니면 7.8평짜리 내 노년을 결산할
방 하나 찾아 계산기를 두들겨 보았다
생각해 보니 석양이 우아한 게 아니라
아직 쉴 곳을 찾지 못한 고양이들을 위해
빛과 열을 연장해 주자는 하늘의 뜻이었다
강가 모래톱에 서서
모래들에게 손을 내밀어
그들의 코며 이마며 입술이며를 만져 보았다
태어나면서부터 사라지는 순간까지
오로지 깎이고 작아지고 마침내는

동자승의 맨머리처럼 둥글둥글해져서
물살의 순항에 몸을 맡기고야 마는
모래들
길가에 쭈그려 앉아 경전을 뒤적이는
힌두교도들
오늘도 내일도 오로지 작아지기 위하여
살아 있는 것들

에릭 사티

　제주 성산포에서 몇 달을 지낼 때 가끔 제주 시내에까지 진출하여 술을 마시곤 했다. 그런 날은 대개 제주시에 있는 24시간 해수사우나에서 자고 성산까지 걸어가고는 했다. 망망한 바다 옆으로 난 도로엔 온갖 바퀴 달린 것들이 붕붕거리며 내달렸다. 그때 나도 모르게 흥얼거리던 선율이 있었다. 에릭 사티의 짐노페디였다. 모래알들이 물살에 철썩이는 것 같은 아니면 달빛에 도라지꽃들이 꽃망울을 터트리는 것 같은 선율이었다.

　그때 열여섯이던 아들이 전화를 걸어와 나의 근황을 물은 적이 있었다. 짐노페디 같은 음성이었다. 아들이 여섯 살일 때는 전화를 걸어와 아빠, 언제 와라고 물은 적이 있었다. 그 물음은 지상에서 가장 짧고도 애틋한 것이었다.

　일요일 아침에 느즈막이 일어나 김치찌개에 밥을 먹고 남은 음식을 동백나무 밑에 버렸다. 고양이들이 몰려들었다. 유튜브로 슈베르트의 피아노 소나타 20번 2악장을 들었다. 치과 의사가 이 음악을 들으며 전기톱으로 내 이를 잘라 내던 기억을 떠올렸다. 이근안도 김근태를 고문하면서 이런 음악들을 들었을지도 모를 일이다.

 제주에서 성산까지의 길을 끝까지 걸을 수는 없었다. 걷다가 지칠 무렵 성산고등학교 3학년 주임교사이던 이승권 선생에게 막걸리를 마시고 싶다고 전화를 하면 낚시를 하고 있던 그가 쏜살처럼 차를 몰고 달려와 나를 태우고 가버렸기 때문이었다. 아들은 내게 아빠, 언제 와 따위의 질문은 다시는 하지 않았다.

노고단 오르는 길

개서어나무들이 금강역사들처럼 밀생한 숲에 들었다
화엄사 스님들의 독경소리가 들리지 않을 무렵
생강나무 이파리들이 노랗게 물들어 숲을 일렁인다
나는 여기에 왜 홀로 들어왔는가

장한나가 연주하는 시벨리우스를 복기하러
며칠 동안이나 사라지지 않는 두통을 다독이러

절반도 오르지 못했는데 이미 젖어버린 손수건으론
내 심음인지 신음인지를 닦지를 못하겠네

어서 어두워지면 좋겠네
두리번거리는 두 다리가 바위 위에 걸터앉아
이제 떠오르기 시작하는 별자리들을 헤아리겠네

거기에 아직 내가 도달하지 못한 음계들
더늠을 얻지 못한 내 언어들
당구대의 당구알처럼 이리저리 부딪히는
내 생의 일정들을

어루만져 깨워 일으키고

코재에 올라 구례 읍내의 불빛들 사이로 흐르는
섬진강 그대의 유려한 등허리를 지켜보겠네

전어

토막 잠에서의 꿈들은
왜 그리 흉흉하기만 할까
강제 징집으로 끌려가
만기를 복무한 보병 제6사단에선
입영 영장이 또 날아오고
오랜만에 찾아간 강의실은
어디론가 옮겨버렸고
날기를 포기한 펭귄들은
얼음 절벽에서 바다로 뛰어들고
나는 굴비 두름으로
트럭에 실려 간 보도연맹원이었다

꿈속에서도 억울함을 견딜 수 없어
간신히 깨어 일어난 대낮이었다

그날은 장날이었고
좌판에 깔린 전어들을 보면서
그들이 은비늘을 번뜩이면서 헤엄치던
수평선을 떠올렸다

일상이 푸른 꿈으로 치환되지 않는 나날들
적쇠 위에 올려
노릇노릇 구워지는 것들

타조들은 언제부터 날기를 잊었을까
전어들은 언제부터 헤엄치기를 멈추고
내 식탁 위에 포박되었을까

너 눈 뜨고 죽어서
육지로 끌려 나온
푸른 꿈들이여

숲속 길

날이 이슥해지도록
숲속 길을 걸었다
로마의 동방원정대처럼
세력을 뻗치던 오동꽃도
중저음의 목소리를 남기며 쇠락했다

새로이 숲에 나타난 휘파람새가
그 누구도 흉내 낼 수 없는 폐활량으로
높은 옥타브에 도달한다

아내와 헤어지고 혼자 지내던 아우가
하룻밤 묵고 가니
온 집에 고독의 진내가 배었다

숲에는 이제 층층나무가
가슴에 손수건을 매단 초등학생들처럼 도열했다

모스크바 영화제에서 여우 주연상을 받은 여배우가 떠났고
1970년대의 폭압을 온몸으로 저항했던 시인도 떠났다

그들이 누린 영광도
그들이 짐 진 시련도
이 저녁의 예감이 다 보듬을 것인가

내가 짐 진 빈한이
오히려 여생을 조촐히 채우리라
어둠 속에서 홀로 입술을 깨문다

입추

입추 부근이라고 쓰려다가
달력을 보니 오늘이 입추였다
더위는 전혀 기세가 꺾이지 않고
저녁을 꼬박 새운
버석버석한 뇌의 한가운데로
촛농 같은 땀이 흘러내린다

지방 선거에 나갔다가 낙선한 동생과
그 동생의 선거 본부 사무국장을 맡은 다른 동생이
막걸리를 들고 집에 왔다

지금은 너와 나의 헛헛한 웃음이라도
빈한한 살림살이를 일으켜 세울 것 같다
전기 요금과 건강 보험과 속도위반 과태료 청구서들이
앞다퉈 우편함에 날아온다

관공서에 출두하라는 통지서들이 날아와
어머니를 걱정하게 한 적이 있었다

이제 나는 어디에도 갈 곳이 없다
갈 곳이 없으니
모든 곳이 다 갈 곳이다

입추가 돼도
배롱꽃은 여전히 성성하고
벚나무 이파리들처럼
일찍 물든 전령들을 만나러
사립문을 벗어나는
나를 전송한다

석탑

대웅전 앞마당에서 반짝이는
모래들의 오장육부가 모여
저 석탑의 몸뚱이가 되었겠지

이곳을 지나간
사람들이 남기고 간 발자국 소리들을
그들의 웃음과 소근거림을
저 석탑은
자신의 귀에 다 담고 있을 거야

각황전 옆 그 고아한 흑매도
성미 못된 여름을 이기지 못했고
가을 초입 무지막지한 비를 체념했고

난 언제 이 세상에 왔나
대웅전 앞마당의 모래알들처럼
반짝이던 청춘은
책장 밑 돌보지 않는
사진첩의 무게에 짓눌렸는데

다시 석탑의 기단처럼
오래고 굳센 기억에
기대어 섰구나

소씨 성을 가졌던 일곱 살 적 내 친구도
이끼 낀 석탑의 근처를 서성이며
이제 자기처럼 늙어 갈 나를 떠올릴까
나처럼 그도 살아 있다면

보칼리제

나이 육십이 넘어서 계약직 교사가 되어
전라남도 순천시 주암면 농협 하나로마트 사거리를
서성거리는 사내를 만난다
처서가 지났다고 갑자기 싸늘해진 공기 속에서
그는 하이트 캔맥주를 마시고 있었다

차는 어디에 두고 학교엔 어떻게 출근했을까
곳곳에 의문 부사들을 보물 쪽지처럼 감추어 두고
세상의 음지를 암약하는 사람
가을 깊어지면 어머니 없는 첫 추석이라고
기댈 언덕이 없어진 세상이라고
콧물을 훌쩍거리다가 술잔을 들겠지

덤프트럭이 지나가며 먼지를 일으키고
머리 허연 스쿠터가 지나가고

옥천 조씨 누구네 딸이 이학 박사가 됐다는
플래카드가 나부끼고
때마침 전파상 스피커에 흐르던 보칼리제

저녁 화엄사

 저녁 예불을 알리는 종소리를 들으며 원형의 산책로를 다섯 번 돌았다 나는 카드 돌려 막기를 일삼는 직장 초년생처럼 살기도 했다 어두워져야만 더 선명해지는 공제선은 고해 성사를 압박했다 나는 상처를 새로운 상처로 막아왔다

 내가 사는 주민등록지에도 비가 내리고 폭염이 오고 꼬박꼬박 절기가 지나가건만 아픔은 권태처럼 나타났다 어두운 동굴에서 홀로 자라는 종유석처럼 살 수는 없을까 동굴벽에 거꾸로 매달려 잠들다가 석양을 왁자하게 뒤덮는 박쥐 떼의 울음소리가 되어

제2부

불 켜지 않은 등대
- 땅끝 1

저 망망 앞에 서기 위해 쉼 없이 달려왔다
낯설었던 마을 이름들이 이물없어졌고
잘 있느냐는 그대의 전언 없이도
철선에 몸을 실어
노화로 보길로
포행을 했다

땅끝은 극점이 아니었다
삶을 위하여 더 나아가야 했으므로
바다를 밀어내고 더 깊은 섬으로 들어갔다

저 망망이 내 몸 뉘일 수 있는
방 한 칸처럼 편안해지는 저녁
땅끝에 섰다

이마에 불 켜지 않은
등대의 근골로 해안 절벽에 섰다

석고 같은 어둠에

익숙해지려면
불 켜지 않은 등대라야 했다

몽돌해변에서

 바닷물에 몸 씻는 돌들은 바닷가 마을 빈집들의 안방에 걸린 가족사진 속의 얼굴들이었다 몽돌들도 한때는 가족사진 속의 얼굴들처럼 이목구비가 선연했을 텐데 예송리에서도 보옥리에서도 몽돌들은 바닷물에 철썩거리면서 끊임없이 무언가 말을 했지만 바닷가 마을에서는 아무런 소리도 들을 수 없었다 전복을 끌어 올리려고 밧줄을 사리는 그늘 아래 두엇의 남자들은 굳게 입을 다물고 그저 묵묵했다 그늘은 평생 그들이 입었을 옷이었겠지 내 혀에서 모시조갯살의 비릿한 냄새가 났다 내 영혼은 모시조개 껍데기의 영겁에 비하면 얼마나 될까 나는 나를 끌어 올리려고 밧줄의 매듭을 묶었지만 그 매듭은 늘 쉽게 풀리고 말았다 일찍이 몽돌들이 그리했던 것처럼 지금 몽돌들이 그러는 것처럼

섬

섬에 와서 나는 다시 섬이 되었다 종일 묵언수행을 결심한 행자승을 옆구리에 끼고서 먹을 것 덮을 것 입을 것 들을 챙기면서 일주일이 갔다 이곳의 바다는 가끔은 저수지처럼 느껴질 때가 있다 염전을 하느라고 바다를 둘러막았기 때문이다 저수지는 집에서 키우는 고양이 같다 그렇다면 바다는 초원을 어슬렁거리는 사자겠지 주말이 되어 내가 배를 타고 섬에서 나가든 말든 여전히 바다는 스스로의 가슴에 온갖 표지들을 즐문처럼 새겨 두고 물소의 뿔에 받혀 찢어진 허벅지를 핥고 있을지도 모른다 육지란 실은 조금 더 큰 섬일 뿐이다 나는 작은 섬에서 큰 섬으로 옮아가 내가 살아야 할 작은 섬을 생각하며 술잔을 들기 일쑤였다

먼 곳보다 더 먼
– 땅끝 2

가면
돌아올 날만 생각했다
눈 뜨면
돌아갈 날이었다

긴 터널 안에서
식은땀을 흘렸다
땅끝은 그렇게 도달하는 곳이었다

그런데 송호바다 저 멀리
사람들의 마을은
또 무엇일까

먼 곳보다 더 먼
낯선 곳보다 더 낯선

평균율

때로는 곰팡내 나는 이불 속에서 눈물을 캐던 날들이 있었다.

허기보다 먼저 도착하는 어둠에 얼굴을 묻고 너의 등뼈를 더듬던 날들이 있었다.

잠베지강이던가 코끼리나 하마처럼 덩치 큰 동물들이 유영하는 강으로 텀벙 뛰어드는 석양을 보고 싶기도 했다. 허리를 곧추세우고 앉아 경전의 밀림에 파묻힌 적이 있었다. 르 클레지오가 쓴 아프리카인을 읽었고 열대의 풍토병을 앓는 것처럼 내 아버지를 떠올렸다.

신발코를 사립 쪽으로 향해 놓고는 도대체 나올 줄 모르는 너를 밤새 기다렸던 건 고양이 몇 마리였다. 간고등어를 구워 젓가락질만 몇 번 하고선 고양이들에게 던져 주었다.

클레지오의 아버지는 아프리카에 파견된 영국군 의사였고 내 아버지는 미군정청 소속의 경찰관이었다. 아버지들은 과묵했으므로 행간을 파악하기가 모호했다. 내 아버지는 토벌대 시절을 아예 지워버리고 아무 말도 하지 않았다.

 같은 방을 쓴 지 일 년이 다 되어가도 묻는 말 외엔 말을 하지 않는 내 동료의 아버지는 무얼 하는 사람이었을까. 편의점에 들러 캔맥주 몇 개 사서 귀가하는 날들.

바다보다 더 먼 마을
– 땅끝 3

바다는 먼데

바다보다 더 먼 마을

누런 러닝셔츠를 입고 밭일하는 당숙

능선마다 고구마를 캐는 허수아비들

이곳까지 따라오는 지명들은 익숙해지지 않고

더는 가지도 오지도 못하고 둥둥 뜬 부표들

강아지와 강아지

 주말에 섬에 그냥 남아 있으니 시간이 길고 고요했다. 토요일엔 빗발이 이제 막 피기 시작한 벚꽃들을 두들겼다. 벚꽃들은 내복만 입은 채 잠들었다가 아침이 되니 제 이부자리에서 쏙 빠져나와 골목길 여기저기를 놀다 돌아온 세 살짜리 아이 같다. 엄마는 부엌에서 불 때고 밥 짓느라 그걸 전혀 몰랐지. 아이는 이누이트족의 얼음집 같은 형상의 제 이부자리에 쏙 들어가 골목에서 만난 강아지와 놀았던 기억을 떠올리며 혼자 헤헤거리며 웃고 있는데. 그 강아지를 데리고 집에 들어왔더라면 부엌에서 밥 짓고 있는 엄마가 그걸 보고 뭐라고 했을까. 강아지가 강아지를 데리고 들어오면 어쩌누라고 했을까.

아침 바다
– 땅끝 4

저녁이면 화엄사 범종 소리가 들리는 마을로부터
차를 몰고 땅끝 바다에까지 달려왔다
아침 바다는 지난날들의 모든 악연을 깨끗이 지우려는 듯
나즉이 출렁거리고 있었다

이제 막 머리를 깎은 사미승의 연회색 승복 같은 색채는
이 세상의 정화가 여기서부터 시작하리라는 의미였다
이틀 낮 이틀 저녁을 내 방에서 구르며
나 없이 외로웠던 메모들이여
나를 감염하던 잠언들이여

너희들도 갯냄새를 이마에 자랑처럼 붙이고
몽돌해변에 치렁치렁한 머리칼을 풀어헤친 돌미역처럼
진득하게 섬의 나날들을 이어 가거라

노화도 산양진항 선착장에 발을 디디는 아침
중앙아시아에서 온 청년들의
오지 않는 기다림을 온전히
석상처럼 세우고

진을 치고 일진일퇴하는 파도 소리여
수평선으로부터 삶의 깃발을 꽂고
몽골기병이 되어 새까맣게 몰려오너라

벚나무 한 그루

섬에서 나가지 않는 주말엔
섬에서 자라나 꽃을 피워
주변을 환히 밝히던
나무들 하나하나를 눈으로 어루만진다

개구리알들처럼 빽빽히 꽃들을 피워 올렸던
벚나무 한 그루는 어느새
무성한 초록 잎을 매달았고
그 옆에서 나무 이름표를 매단 나무는
자신의 이름을 지우고
분홍꽃들을 매달았다

나는 늦은 저녁을 먹고
견딜 수 없는 적막에 이끌려
보길의 바닷가를 거닐었다

그러다가 느닷없이
광주 서부경찰서에 연행돼 얼굴의 정면과 측면을
촬영당하던 스무 살 무렵을 떠올리고는

여름날의 소나기처럼 지나간 날들을
해변에 남는 발자국 하나하나에 새겼다

갯내 나는 바람의 강도로
기러기 떼는 편대를 이모저모 만든다
뭍을 향해 이륙하는
그 바람의 등 뒤에 서서
잘 가라고 잘 살라고
손 흔들어 주었다

심야에 내리는 비

어디서 몰려오는가
심야를 때리는 빗소리야
너 청춘의 몸 냄새를 가득 묻히고
목울대를 한껏 올린 채
콘크리트 같은
정적을 깨워 일으키는 근골들아

말 못 하고 우는 건
그대들만은 아니다
누구에게도 이 비참한
눈물 보이기 싫어

저녁이면 몰려오는 눈물들아
심야를 적시는 혈흔들아

아침이 오니
선승이 비질한 절 마당처럼
감나무 이파리들만
담벼락에 쌓인 채

흔적이 없구나

목소리들
목소리들
서로를 부여안고 우는
목소리들

네 숨소리로 밀생하는 은빛 멸치 떼
- 땅끝 5

삼치잡이배나 탈까
밤 늦은 노화 해변길 걸으며
육지에 어깨 기대고 잠든
어선들을 보네

앞다리 괴고 쉬고 있는 백구만 같아
돌아와 나도 비랑을 향해 돌아누우며
새벽 출항의 더운 숨을 귓가에 듣네

땅끝에서 강진에 가다가
강진에서 땅끝에 가다가
너를 찾던 나는 어디에 있고
나와 함께 있던 너는 어디에 있는지

빈객들 다 떠나고 없는
영결식장에서 듣던 파도 소리
이제 내가 너를 위로할게

제 상처를 핥다

급작히 떠나버린 네가
어둠 속에서 나를 바라보는데

내 귓전에서 소요하는 파도 소리
상추자도에서 발해만까지
너의 숨소리로
밀생하다
그물에 터지듯
밀려오는 은빛 멸치 떼

이유기

바닷가를 서성이던 일 년 반 동안
물 빠진 갯벌에
이리저리 나 있는 물길을 보고
어머니의 가슴에 나 있는
푸른 정맥을 떠올렸다
먹을 것 없던 시절에도
젖만 먹으며 쑥쑥 커 가는 나를 보며
어머니는 나를 선인장처럼 여겼을까

바닷가에서 어머니를 떠올리며
먼 수평선으로 해가 잠기고
캄캄한 어둠이 올 때까지
서 있다 돌아오곤 했다

지금은 산 아랫동네에 살면서
혼자 밥을 해 먹고
산에 오르며
수많은 종들을 매달고 서 있는
때죽나무 곁에서 견디는

긴 이유의 시간들

저 나무도 제 몸을 흔들어
꽃들을 떠나보내고 있을까

내일 비가 내린다는데
메마른 땅에
어머니의 젖이 흐를 수 있을까

압해도

목포에 갔다가 내처 압해도까지 차를 몰았다
서쪽으로 서쪽으로 항진하면서
차창에 나타난 치타 한 마리를 보았다

그의 얼굴만 한 슬픔이 또 있을까
눈물의 흔적이 수직으로 각인된 채
초원을 질주하는 고양이

슬픔이 본능이어서
소멸되지 않는 디앤에이여서
그는 샘솟는 눈물을 말리느라
바람의 한계를 돌파하는가

압해도에 혼자 사는 시인 만나고
차에 치타 한 마리를 태우고
동으로 동으로 돌아오는 길

제3부

귀명창
- 문척 1

문척면 오산 자락에 들어서면
섬진강이 스포트라이트처럼
빛을 발하고

창극 적벽가가 시작되기 전
조조로 분장한
안숙선 명창이 으흠으흠하면서
목을 가다듬는 거 같으다

나도 어설픈 귀명창이 되어
객석의 맨 앞자리에 앉아

영웅들의 노년 시절을
상큼하게 기다려 본다

야행
– 문척 2

문척 서당골의 동생은 철제 대문에
자물쇠를 채우고 어디론가 사라졌다
곳곳이 허방이고 시시로 견딜 수 없는
뉴스들이 서로를 껴안고 바다에 뛰어드는데
하현달 어슴푸레한 저녁
새벽이 창호지를 밝힐 때까지
내 차마 잠 못 이룰 것 같아
차를 몰고 너에게 간 날이었다

예언은 늘 우리 주변을 맴돌지
불길한 소식은 아무 때나 신호음을 보내와
캄캄한 어둠이 네 뒷모습을 잠식하지

우리 서로의 얼굴을 정면으로 볼 수 없어
불안한 날들
서로의 얼굴에서 기피와 외면의 습성을 발견하고
스스로를 무서워하던 날들

문척 서당골 오산으로 오르는

가파른 물매에 붙어 서서
희미한 달빛을 음유하는
감나무들을 보고 온 저녁이 있었다

참회
– 문척 3

감나무 연둣빛 잎새로 물결치는 강변
나와 불화했던 나를
오산의 능선에 묶어 두고
반나절 참회하고 돌아왔다

오늘 구례 장날이라고
동생이 전화했는데
장에 가서
적막 한 단이나 사 와서
화단에 정성스레 심어야지

불꽃놀이
- 문척 4

 주방에서 저녁거리를 챙기고 있는데 문척 쪽에서 폭죽 터지는 소리가 들렸다. 아마도 벚꽃 축제의 개막을 알리는 불꽃놀이일 테지. 꽃이 핀다고 불꽃놀이를 하면 꽃이 질 때면 무슨 놀이를 해야 할까. 매일처럼 날아오는 부고들이 부친상, 모친상이었는데 이젠 본인상으로 바뀌어지는 지금. 섬진강 너머에선 불꽃들로 휘황하고 우리 집 돌담 너머에선 대나무들이 서로 부딪히며 생을 터트린다.

너 없는 빈집에서
– 문척 5

태엽 풀린
터키 병정 인형처럼
구례 천지를 떠도는
읍내의 그 남자처럼
붉은 그리움을 매단 감나무와
콩밭을 낮은 포복하는 호박 넝쿨은
너 없는 빈집에 들어설 때를
떠오르게 했다

너도 언젠가 내 얼굴을 떠올리며
사립문을 나섰겠지

네 얼굴을 셀 수도 없이 떠올렸으므로
네 얼굴은 내 둔탁한 그리움에 닳아
칼날처럼 날카로워졌겠지

강이여
무중력을 순항하다가
마침내 바다에 닿는

나의 순례여

높음도 낮음도 없는
영원한 평등을 보여 주기 위해
내 옆의 강물은
저리 쉼 없이 흐른다는군

혼자 잠든 남자
– 문척 6

문척 서당골에 너의 집
감나무들이 가지가 찢어지게 감을 매달고서
어깨를 스치는 고샅길을 지나
철제문 밖에서 네 이름을 부르니
너는 팬티 바람으로
혼자 잠들어 있었다

마루에는 밤샘 통음의 흔적과
방에는 잡지 마감의
긴박한 손길이 역력한데
무엇이 너를 향한
위로일까

뇌의 평화를 교란하는
숱한 길항들에다가
갈수기의 논바닥처럼
메마른 통장 잔고에도
너는 아무렇지도 않게 잠들었구나

너 깨워 일으켜
오산의 돌탑에까지 올라
하늘을 보면
혹등고래 몇 마리 지나간 듯
물보라가 일고

저 일렁이는 평화에 입맞추고
인도양의 물빛이 저렇다던가
저 푸른 여백에
시 한 편 적어
섬진강변 구절초들과 함께
하염없이 흔들리고 싶은 날

문척 작은다리
- 문척 7

보성, 곡성, 임실, 순창에서 몰려온
동학농민군들의 함성은 궤멸당했지만
지금 섬진강
소리 없이 흐르는
침묵의 한 갈피를 열면
그대의 살결, 그대의 몸 냄새
그대 심장의 박동 소리가
나에게 전해져 오네

하여 우리는 농민군의 잔당이 아니라
그들의 남겨진 보루가 되는 것이리
그들이 휘날렸던 깃발이 되는 것이리

나는 날마다 문척 작은다리를 건너
그대를 만나러 가네
오산의 돌탑에까지 올라
돌 하나를 올려놓고

종석대와 노고단의 연봉을 바라보며

먼저 간 그대의 목소리를
간절히 청해 듣네

만이면 만 마리의 길고양이들이
천이면 천 마리의 고라니들이
유전하는 야성의 습성이
골목길과 들판에
남긴 흔적을 지켜보면서

송광사 일박

금요일 오후에 집으로 가지 않고
송광사로 가
한 계절 손님을 받지 않던 민박집에 묵으며
그 집의 사람 없는 공기의 냄새
내 몸에서 나는 냄새와 버무리며
하룻밤 자고 싶었다

섬진강과 보성강의 물길을 거슬러
여기에 온 사람
더는 곡두가 되기 싫었지만
이제 곡두가 되고 만 사람

여주인이 차려 준 아침을 먹고
쌍향수 앞에서 기념사진을 찍던
중학생 수학여행 시절을 떠올리다가

법정을 다비한 곳에 주저앉아
그가 남긴 법어를 듣네
그가 남긴 그림자에 내 몸을 겹치네

더는 발길을 옮기지 못하고

때죽나무와 왜동백이 껴안은
그 밑에서
그 그늘로 숨을 쉬네

각황전

나날이 저지르는 잘못이 커져
저 웅장함이 생겼을까

연기암 산책길은 포근하고 관대했다
나이 육십을 넘으니
갑자기 가속을 일삼는 시간을 다독일 겸
저물녘이면 키 큰 나무들의 숲속에 들곤 했다

저기 들리니
크고 오래된 공명을 간직한 법어는
우리가 지나온 숱한 부침을 온전히 기억하며
침잠하는 것을

누구에게나
삶의 영광을 향해 질주하던 순간이 있었음을
기억하는
저 고색창연

연기암길 산책을 마치고 돌아와

저녁밥 안친 솥에 불을 넣고
다시 어깨를 기대고 잠들고 싶은
오래된 정전

천은사 가는 길

천은사 가는 길에 저 나무들
언제 옷을 갈아 입었을까
표정 없는 얼굴들로 서서
강인해서 겨울을 견디었는지
견디어서 강인해졌는지
나무들은 이제 초록의 운동복을 입고
광의 벌판을 질주하네

구안실에 살던 황현이라는 사내
백 년도 더 전에
이 길을 지나면서 저 얼굴들 보았을까
저 심장의 박동 제 살갗에 느꼈을까

근세가 제 백성의 죽음이어야 했던 나라에서
견위치명을 좌우명으로 삼았던 사람
도처에 절규와 결행과 암약과 추락으로
번져 났던 이 계절에

천은사 가는 길에 저 나무들

머리맡에 푸른 일기장을 펴 두고
저 너른 광의 벌판 너머로
서울로 달려가는 고속 열차의 기적 소리를 듣네

햇빛은 수직으로 꽂히며
예수 부활의 복음을 알리느라 와자한데
황현이라는 사내도 부활하여
저 나무들로 직립해 있는가

천은 저수지

술 취한 동네 청년처럼 벌게진 얼굴이 되어
천은사에 얽힌 전설을 말해 오는 듯하다
소고기를 좋아하던 종일 스님은
췌장이 안 좋아졌다고
화엄사로 넘어가는 산길 도중
뭉근 방귀를 뀌어 댔다

천은사 뒤로 해서 상선암에 드는
희미한 산길을 걸었다
우번대를 지나쳐 종석대까지 올랐다
언제부터 생은 시작이었을까
깨어나지 못한 화두는
호주머니 속에서 묵묵했다

요양차 구례 금산마을로 내려왔다는 창훈이가
당몰샘 앞으로 와서 한다는 말이
폐암 4기라는 것이다

카메라를 꺼내느라 부스럭거리는 소리에도

물오리 떼는 소스라치며 석양을 물들였다

생의 흑점은 생의 통점을 감싸고 돌았다

종일 스님은 종일토록 보이지 않았다
종일 종일 스님 행세를 했다

보성강변을 지나며

 순천에서 일을 마치고 송치재를 지나는 길을 버려두고 벌교로 가서 주암, 죽곡, 압록을 거쳐 구례로 돌아오는 길을 탔다. 보성강의 살결을 스치고 싶었다. 보성강의 손을 붙잡고 그의 얼굴을 매만지고 싶었다. 생의 전성기를 누리다 강물에 뛰어드는 자귀꽃술들의 순명을 조문하고 싶었다. 순명이라니. 보성강은 태어나서 단 한 번도 순명이라는 단어를 쓰지 못했다. 한반도에서 유일하게 남에서 북으로 흐른다는 강. 역류를 자신의 숙명이라 알고 있는 강.

 보성군 회천면 봉강마을에서 태어난 정해룡*도 이 강을 따라 서울로 올라가 근로인민당 일을 맡아 하다가 자귀꽃 같은 생을 마쳤겠지. 그의 아우 정해진은 그것도 흡족하지 못해 아예 38선을 넘어 평양으로까지 가고 말았다. 봉강마을 팽나무 그늘 아래 쉬고 있던 할매들은 나를 보고선 저 사람은 외국 사람처럼 생겼다고 자기들끼리 속삭였다. 아마도 내 곱슬머리를 보고 그랬겠지. 어쩌면 그렇게도 나를 따뜻한 눈길로 대해 주던지.

 당신은 정해룡처럼 살지는 마. 아무렴요 저는 그의 그늘을 마시러 왔을 뿐인데요. 그들에게는 정해룡 가문의 처절하고도 애잔한 삶이 핏줄 속에 흐르고 있겠지. 구례로 돌아와 마산면 하사마을의 정자를 지나는데 예순셋이 되도록 한 번도 결혼하지 못한 사내가 혼자서 오산 쪽을 바라보고 있었다.

그에게 다가가 소주 한 잔을 청해 볼까. 아무런 표정도 없이 덤덤하게 그는 나에게 소주잔을 건네주겠지. 그가 겪는 일생의 고독도 순명일까. 아무렇지도 않다는 듯 혼자 받아들이는 숙명일까.

---

* 정해룡(1913~1969) : 해방공간의 중도주의적 사회운동가. 전남 보성군 회천면 봉강리에서 태어나 민족의 독립과 남북합작을 통한 통일을 위해 자신의 모든 것을 바친 헌신적인 삶을 살았다. 보길도에 사는 소설가 김민환의 장편소설 「큰 새는 바람을 거슬러 난다」에 잘 나타나 있다.

자귀꽃 1

화엄사 데크길에서 자귀꽃을 보았다
데크 위엔 꽃술들이 낭자히 떨어져 있었고
이유 없이 다가온 허리앓이처럼
콧등이 시큰해졌다

쌍봉낙타의 속눈썹 같은 꽃술들
1948년 10월에 몰아닥친
전남 동부의 죽음들

그것은 모든 부재와 악몽의 서곡이었다
하이칼라를 한 잘생긴 사내들과
흰 치마저고리를 입고
사라진 남편의 시신을 찾아 헤매는 아낙들

구한말에 한국에 온 영국 여자 비숍도
한국 남자들이 중국과 일본 남자들에 비해
키도 크고 힘도 세다고 했다지

차라리 봉기군이나 토벌대가 됐다면

어느 날 갑자기 경찰서 뒷마당이나
섬진강 백사장에 끌려가서
아무 일도 없었던 것처럼
사라지는 일은 없었겠지
개처럼 죽지는 않았겠지

프란시스코 고야의 그림
1808년 5월 3일 마드리드 시민의 처형은
꼭 140년이 지나
한국에서 일어날 일을
예감한 그림이었을까

나무에 사뿐히 착륙해
이승을 누렸어야 할 꽃잎들
화엄사 데크길에서 만난 소름들

자귀꽃 2

분홍 낙하산을 타고 내려오던
병사들이 불시착한 나무
하늘은 제주로 가는 비행기들의 흔적이
미술부 초급반 학생들 선 긋기 해 놓은 스케치북 같고
여름날 우리가 누리는 잠시의 평화는
금방 날카롭게 울리는 사이렌 소리로 변할 거 같아

허공에 착륙해서 사주 경계를 하는 병사들
論山邑이라고 흰 페인트로 쓴 트럭 위에
보도연맹원들, 좌익수들
1940년대 갓 해방된 나라의
젊은이들 싣고 와서
구덩이 앞에 세워 놓고
심장에 영점 표적지를 붙이고
거총, 발사했던
그때도

자귀꽃들은 허공에서
그 장면을 숨죽여
지켜보았을까

단풍나무들

단풍나무들은 자신의 수족을
붉게 물들인 채
계절의 수문장이 되었다

수족냉증이 있는 사람은
스산해진 날씨를 예민하게 감지하며
급히 집으로 들어가
구들장을 데운다

낮에 보아 두었던 풍경은
평화롭기가 그지없었다
돌 틈 사이를 헤집고
무리 진 구절초들

그때 갑자기 호주머니 속을 울리는
낯선 번호로부터의 전화 벨 소리

지금은 전화를 받을 수 없습니다

몇 개의 알파벳과 아라비아 숫자만으로 조합되어
목성으로부터 해왕성을 지나
머나먼 우주로 유영하다 돌아와
마을 어귀에 선
단풍나무, 너를
떠올리는 시간이었으니

제4부

새들은

새들은
늘 수심으로 과로하는 한 인간보다 일찍 잠든다
자신도 새일 수 있었던 그 사람은
새들을 자신의 옆방에 재우면서도
새들이 밤새도록 노래하는 줄로만 안다

알렉산드로스라는 이름의 새

새들의 얼굴엔
슬픔의 기호를 적을 면적이 없다
새들은
바다 위를 날아
등대를 지나고
대리석 위에 흔적을 남기고

반 고흐의 그림에
일본의 정원을 그리게 하고
히말라야를 넘어
머나먼 나라에까지 난다

탈레반이 지키는 나라의 불상에
헬레니즘의 얼굴이 남은 건
순전히 새들 때문이다

알렉산드로스라는
이름의 새

새와 나

 피아골을 비추는 산불 감시용 시시티브이의 화면이 정지된 화면이 아니라는 것을 증명이라도 하려는 듯이 새 두 마리가 쓱 지나갔다

 새는 어디서 와서 어디로 나는가 새는 실체인가 그림자인가 새의 무덤은 지상인가 허공인가 새는 백합조개와 바닷장어와 검은혹등고래와 인도코끼리와 동종인가 이종인가 왜 그들은 영원의 시간 속에서 자신을 말하지 않는가

 새가 날며 일렁이는 파장이 나에게 온 오후 숱한 의문부호를 그리며 석양 속으로 잠적하는 새와 나는 동종이형인지도 모른다

 산불 감시원들이 궁시렁거리며 사무실을 나선다 진짜 산불 감시원들이 티브이의 화면 밖으로 사라진 후 이슥해진 어둠에

휘파람새

새들의 울음을 생각하지 않은
언어학자는 없을 것이다
새들이 울어 풍경을 만들고
정조와 심사를 이루는데
자음과 모음으로 나눌 수 없어
언어라고 할 수 없다는데

한 줄의 시도 쓰지 않고
봄날이 다 갈 무렵
너는 저녁 숲에 출몰하며
휘리리릭 하며 노래했다
처음부터 끝까지
음정 하나 틀리지 않고
노래하는 너의 창법은
도대체 어느 명창을 사사한 것이냐

간신히 출가를 이룬 행자승처럼
가지런히 고무신을 놓고 있을 때
네가 와서 점심 공양시간을

알리고 갔다

배추 모종을 사 와
텃밭에 엎드려 심고 있을 때
네가 와서
등짝을 쓰다듬고 갔다

휘파람새 휘파람새
내가 쓰는 시는 실은
네 목울대로부터 흘러나오는 선율을
흉내 내는 일이었다

토요일의 명상

스리랑카 사람들은 수긍한다는 뜻을 나타낼 때 고개를 가로로 젓는대 모든 게 정하기 나름이고 거기에 따라야 한다는 걸 소쉬르 선생이 설파하기도 했지

토요일이 이렇게 평화로울 수도 있는 거구나 평화는 때론 관습을 따르지 않을 때 오기도 하지 어제 난 저녁 열 시에 일을 끝내고 만 원에 네 캔 주는 외제 맥주를 마시고 새벽 네 시에나 잠들었지 내일도 모레도 푹 쉬기로 마음먹었으니 별일 없지 뭐 거기다 일요일엔 예송리 해안길을 걷고 있을 때 첫눈을 맞을 수도 있다면 금상첨화겠지

늦게 일어나 된장국을 끓이고 김을 구워 섬진강변 우리식당에서 사 온 다슬기장에 김을 싸 밥을 먹었지 빨래도 해서 너는데 티브이에선 쉰들러 리스트를 틀어 주더군 독일군이 유태인 일곱 명을 종렬로 세우고선 소총을 발사하는데 다섯 명까지 쓰러지고 쓰러지지 않은 두 사람은 이마에 권총을 쏴 죽이는 거야 일본군이 만주에 사는 한국 민간인을 죽일 때도 저렇게 소총의 관통력을 실험했다지

빨래를 널다 말고 기어이 담배를 한 대 물어야 했지 내일은 정말 눈이 내릴까 소쉬르 선생이 더 무슨 말을 했을까 찾아나 보고 낮잠이나 한숨 청해 보고

봄날들

　화순군 이서면에서 담양군 대덕면을 지날 때 달리던 차를 멈추고 그때 맑은 햇빛에 반짝거리는 동복호수의 물빛을 눈에 담아야 하리. 요즘 차들의 고성능을 감당할 수 없는 길의 휘어짐이며 산 밑의 이슥한 응달이며 망팔 망구가 되어도 머리에 거름 푸대를 이고 가는 촌로의 삶이며. 무엇보다 조선 중기에 이곳으로 유배 온 사람처럼 길가에 서서 홀로의 그림자를 내려다보는 심정을 붓을 들어 하늘의 미간에 써 나가는 봄날들. 이 길은 아무리 달려도 허기를 달랠 식당 하나 보이지 않아 아, 이 모퉁이 다 쓰러져 가는 오두막 하나 얻어 그 집의 네 귀퉁이 받칠 지주목처럼 여생을 보내도 괜찮을 듯싶어. 뒤따르는 차들 모두에게 앞길을 내주고 나무늘보가 전진하는 속도로 돌아오네.

백로白露

하늘이 높기가 초원을 뛰노는 기린 같다
별사탕 모양을 한 기린의 얼굴이
조신한 여자처럼 입을 가리고 웃는데

가을은 여름이 남기고 간 상처인지
도처에 묵묵한 얼굴들

서울 신림동 반지하방에서 벌레들하고 고투하는
사촌 동생에게 편지를 쓰려고
만년필에 잉크를 넣었다

이슬이 내린다는 백로인데
너 사는 반지하방엔
이슬이 창가에 맺혀 흐르겠구나

이슬은 눈물처럼 투명하지만
눈물은 이슬처럼 투명하지만은 않겠지

네 심장은 꿍꿍 뛰어
피톨을 돌게 할 것이고

와온 바다

이글거리며 타오르는 장작더미가
수평선 아래로 추락한다

아들이었던 소년은 입대한 지 삼 개월 만에 돌아왔다
스물한 살의 청년에게 우울증이 왔다고 했다

처자식을 솔가하던 가장의 시절은 짧았고
석양에 엑스레이처럼 찍혀 나온
체념의 그림자는 길었다

와온의 석양을 보러 갔다가
얼굴이 그을려 돌아오던 날
독일가문비나무의 이파리들이
선무용 비라처럼 떨어져 내렸다

수평선 밑으로 사라지는 불덩이와
붉은 카펫 위를 걸어 나오며
박수갈채에 손짓하는 배우와

완전 연소를 실현한 불덩이는
어느 감나무에 걸릴까

사람의 아들

어머니가 조카를 데리고
십 년도 넘게 살았던
서울 번동의 아파트에 가
나흘을 묵었다

어머니가 섬기던 성모 마리아상이
빈 아파트를 지키고 있었다
어머니가 새벽같이 일어나
돋보기를 쓰고 공책에 필사하던
예수의 행적들을
떠들쳐 보았다

저녁이면 우이천변에 나가
북한산을 향하여 한없이 걸었다

아메리카 대륙의 서쪽 산호초 해안에서는
헤어진 고래의 어미와 새끼가
심해에서 떠올라 상봉한다는데

어머니는 광야를 떠돌다
돌베개를 베고 누운
사람의 아들을 만나러 갔을까

이 세상 도처에서
잠 못 드는
사람의 아들들을
만나고 있을까

1989년 5월 어느 날로부터 온 편지

 13일이 토요일이어서 버스를 타고 순천에서 광주로 와 남동 너의 출판사에 가 보았더니 너는 감자알 몇 개 넣어 끓인 된장국의 흔적만 남겨 놓고 어디론가 자취를 감추었더구나. 10일부터 광주 시내에 돌기 시작했다는 그 사진을 나도 보았다. 시민들에게 수돗물을 공급하는 수원지에서 까맣게 불탄 것 같은 얼굴을 하고 온몸이 퉁퉁 부은 채 누워 있던 한 청년의 주검을. 더는 못 보고 영흥식당에 가 막걸리 한 주전자를 마셨다. 해 저무는 금남로에 나왔더니 세상에나 돌멩이들이 우박처럼 날았고 청년들의 대열은 끝이 보이지 않을 정도로 길었다. 뭔가 강력한 폭발이 일어날 것 같은 공포는 1980년 5월의 기시감이었다. 나는 금남로 가톨릭센터 앞에 있다가 백골단에게 쫓겨 동명동의 주택가 골목을 지나 지산동 농장다리 근처에 머물러 너를 생각했다. 부디 아무 일 없기 바란다.

봉성산 공원에서

일주일이나 묵묵했던 나날은
누구의 어떤 전언을 기다렸나
벚꽃이 필 무렵엔
경극배우의 분장한 얼굴만 같던
구례읍 봉성산 공원의 나무 계단을
육십을 눈앞에 둔 사내 하나가 오른다
수족관에서 헤엄치는 참게를 떠올렸을까
자신의 향을 잃은 갑각류
제 집을 떠나 정처 없던 때
태풍이 휩쓸고 간 다음 날의 산길에서처럼
부러지고 찢겨나간 그대의 생떼여
사람들은 모두 광화문으로 갔는데
간신히 혼자 남아서
제 허물에 말을 건넨다
등신거울에 제 모습을 비춰 보며
그림자 그림자로만 남은
자기 앞의 생을 본다

토란잎에 뒹구는 물방울 하나

그가 다가올 생의 갈증에 대비해
제 흉곽에 적어 보관하던 비망록

제 빈약한 가슴 위에 물방울 하나 올려놓고
다글다글 조려 언젠가 무시로 엄습하는
생에 대한 갈증으로 괴로울 무렵
대상들이 사막을 횡단하며 씹는 육포 조각처럼
빈사 직전의 삶을 구원하러 올 전령

지금 제 무성함을 자랑하는 풀들아
땅속을 횡행하는 지렁이들아
저 물방울의 체온이 살아 있는 한
우리는 푸르름의 한 극점을 살고 있음을 기억할 테지

연인이여, 그래서 나는 그대를 위해
조깃마리를 굽고 미역국 사발을 끓여 내
일찍이 내 곁을 떠나 휘발하고 없는 것들

정신과 위대함과 외로움을

나와 그대의 핏톨 속을
뜨겁게 흐르는 것들을
내 스무 살의 도시를 지키려고
끝까지 항복하지 않다가 산화한 사람들을
착실히 기리려 하네

심야의 편의점

비가 내리고 어둠이 오는데
나는 또 고집 센 소년처럼 저녁 식사 시간을
흘려보내고 있었다

이 세상은 슬픈 난민수용소
가족은 헤어져 다른 텐트에서
곤궁한 잠을 청할 것이고
마른 기침을 하며
무책임한 가장을 탓할지도 모른다

저녁 아홉 시도 못 되어
불 꺼진 주점의 입간판 옆을 서성거렸다
사람은 초저녁에 잠들고
그의 그림자가 늦은 밤을 오고 갔다

두 개를 사면 하나를 더 주는
영업 방식에 끌려
내 집의 식탁엔 편의점의 상품들이 즐비하다

뭔가 있을 것이라는 기대와
아무것도 없이 끝날 것이라는 단념이
교차하는 저녁

망할, 한계효용체감의 법칙에
곡두의 춤을 추는
슬픈 저녁

꽃과 쇠

 목련은 내가 아파트 사오 층 높이나 되는 제철회사의 난간에 안전벨트의 고리를 두 개씩이나 걸고 레일 보수작업을 다니던 일주일 만에 다 떨어졌다 레일은 고압 산소절단기에서 나오는 불길로 마른 떡 썰듯 잘라졌다 불은 쇠를 녹이고 또 다른 쇠를 만들어서 불을 옮겼다 그 높고 큰 공장 안이 나에게는 무슨 회당 같았다 종류를 알 수 없는 소리들이 공명을 일으키며 공중에 매달린 내 발바닥을 간질였다 어디에 구원이 있을까 간절히 내미는 손길 같았다 두통의 원인을 찾느라 들어간 엠알아이 통 속에서 들었던 소리 같기도 했다

 소리들은 색과 냄새들과 어울려 어떤 형상을 만든다 그 비밀스러운 소리를 들을 줄 아는 사람에 대해서 쓴 소설을 읽은 적이 있다 소설가는 열여덟 고등학교 2학년 여학생이었다 나는 난기류처럼 다가오는 소리들을 분리해서 그 정체들에 대해 예감하고 예언을 던지고 죽어 간 사람에 대한 소설을 교내문학상 대상으로 뽑았다 하지만 내가 쓴 언어들은 지금 어디에서 난기류에 휘말려 있을까

무당새 날아오는 오후

대한이 지나고 며칠 전 내렸던 눈더미
골목 입구에 고집 센 사람처럼 웅크렸다

추위를 견디기 위해 동생을 불러다
마루에 비닐을 치고 마당에서 서성거렸다

그런 나를 목련나무에 날아온 무당새가
물끄러미 바라보다가 키 큰 나무 위로 날아갔다

생각해 보니 새들은 늘 내 곁에 있다가
내가 없는 곳으로 날아가곤 했다

해설

| 해설 |

섬에서 다시 '섬'을 노래하는
21세기의 노마드

김규성 시인

1.

세상이 혼탁하니 종교도 혼탁하다는 말은 환경의 영향을 떨치기 어려운 인간의 속성에 비중을 둔 지극히 현실적인 일반론이다. 그렇다고 종교도 혼탁한데 하물며 사람이 혼탁하지 않을 수 있겠느냐고 아전인수적 면죄부를 남발해선 안 된다. 오히려 어두운 밤일수록 촛불은 밝게 빛나듯 참다운 종교인은 세상이 혼탁할수록 더 청정하고 올곧다는 사실에 희망을 걸어야 한다. 여기에서 참다운 종교인을 시인으로 대체해 보자. 그중 대표적 시인이 윤동주요, 김남주일 것이다.

오늘날에도 윤동주와 김남주의 시세계를 흠모하며 그

정신을 기리는 시인들은 많다. 다만 윤동주와 김남주가 일제 강점기와 군부 독재의 엄혹한 시대를 배경으로 한 강압적 부자유와 가난 속에서 시를 쓴 데 비해 오늘의 시인들은 표면적으로는 풍요로운 환경 속에서 자유롭게 시를 쓸 수 있다는 점이 다르다.

그러나 문제는 현대 사회의 의식 구조가 예전처럼 선악과 피아의 구분이 단순하지 않고, 복합적이며 중첩적인 성향을 띠며 복잡다기한 갈등 양상을 안고 있는 데 있다. 자본주의의 꿀맛을 덫으로 깔린 무책임한 개인주의와 집단이기주의가 다투어 만연하는 사회풍토 속에서 온전한 사회정의와 진실을 추구하기란 만만치 않은 것이다. 따라서 외형상의 자유와 풍요에 반해 내면적으로는 의식의 혼돈과 모순, '건강한 상식'의 빈곤을 상대로 씨름해야 하는 것이 오늘날 시인들의 운명이다.

이렇듯 외형과 내면의 심각한 불균형 속에서 송태웅은 윤동주와 김남주의 시 정신을 현재에 소환해 기리고 실천하는 시인이다. 다만 겉으로 드러나지 않게 실효적 가치를 창출해 나간다. 이를테면 '윤동주의 하늘'과 '김남주의 칼'을 깊숙이 감추고, 비록 그 처소가 작고, 낮고, 은밀하지만 따뜻하고 섬세하게 그 명제를 되새긴다.

먼저 윤동주의 시를 연상케 하는 「불 켜지 않은 등대 – 땅끝 1」을 보자.

땅끝은 극점이 아니었다
삶을 위하여 더 나아가야 했으므로
바다를 밀어내고 더 깊은 섬으로 들어갔다

저 망망이 내 몸 뉠 수 있는
방 한 칸처럼 편안해지는 저녁
땅끝에 섰다

이마에 불 켜지 않은
등대의 근골로 해안 절벽에 섰다

― 「불 켜지 않은 등대 ― 땅끝 1」 부분

 전체적으로 의연한 각오를 되새기는 시인데 절제와 함축, 결곡한 메시지가 돋보인다. 화자는 "땅끝"에서 섬을 지향하고 있다. 더 큰 섬이 아니라 더 깊은 섬이다. 그러기에 땅끝은 막다른 지점이 아니라 시발점으로 읽힌다. 화자는 해안 절벽 앞에 우뚝 서서 윤동주가 하늘을 우러러보듯 망망대해를 조망한다. 그리고 한 점 부끄럼 없는 자세로 "등대의 근골"처럼 강건한 정진에의 의지를 다진다. 여기에서 "불 켜지 않은 등대"는 외부를 향한 즉자적 시선을 닫고 내면 깊숙이 침잠해 만나는 우주(본질)와 자아(실존)의 대자적 접점을 상징한다. 땅끝과 절벽 그리고 망망대해를 앞에 두고 그 근시적 경계를 초극할 심원한 정신세계의 고지를 지시하는 것이다. 윤동주가 선보인 염결한 정신주의의 일면을 엿볼 수 있는 시다.

아래의 시는 화엄사 데크길에서 문득 여순항쟁을 떠올리고 있다. 대학 선배이자 시, 의식, 실천적 지식인의 롤 모델인 김남주의 영향을 감지할 수 있는 시다. 직정적 표현과 선명한 메시지가 주조를 이루는 김남주의 시에 비해 우회적 저음과 역사적 기억을 내밀화하는 등의 표현상 차이를 보이고 있지만 본질에 있어서는 동지적 궤를 같이하고 있다.

> 화엄사 데크길에서 자귀꽃을 보았다
> 데크 위엔 꽃술들이 낭자히 떨어져 있었고
> 이유 없이 다가온 허리앓이처럼
> 콧등이 시큰해졌다
>
> 쌍봉낙타의 속눈썹 같은 꽃술들
> 1948년 10월에 몰아닥친
> 전남 동부의 죽음들
>
> 그것은 모든 부재와 악몽의 서곡이었다
> 하이칼라를 한 잘생긴 사내들과
> 흰 치마저고리를 입고
> 사라진 남편의 시신을 찾아 헤매는 아낙들

(중략)

나무에 사뿐히 착륙해
이승을 누볐어야 할 꽃잎들
화엄사 데크길에서 만난 소름들

-「자귀꽃 1」부분

 화자는 "화엄사 데크길에서" "꽃술들이 낭자히 떨어져 있"는 "자귀꽃"을 보며 문득 과거의 기억을 돌이킨다. 그 순간, 자귀꽃이라는 기표는 "나무에 사뿐히 착륙해/이승을 누볐어야 할 꽃잎들"이 예기치 못한 비극적 사건에 의한 덤터기, 즉 끔찍한 "소름들"로 기의화 된다. 여기에서 소름이 "소름들"로 복수화되는 것은 당시 자귀꽃의 숱한 꽃잎처럼 스러져 간 원혼들을 낱낱이 호명해 주고 싶은 화자의 "콧등이 시큰"한 주술사적 연민 때문이다. 민족이 민족의, 이웃이 이웃의 미처 정제되지 않은 이념과 반인륜적 만행에 의해 죽어 간 그 통절한 운명이 "이유 없이 다가온 허리 앓이처럼" 아픈 것이다. 희생된 넋들마다 어찌 이유가 없으랴. 다만 그 이유가 어이없고 통탄스러울 뿐이다.

 자귀꽃 필 무렵이면 화엄사 입구에는 다른 꽃들도 지천으로 피어 있는데 굳이 자귀꽃에 시인의 시선이 머무는 까닭은 무엇일까? 화자의 기억 속에 터 잡고 있는 민족과 민중을 향한 상사의 정이 남다르기 때문이다. 그러기에 시인들이 다투어 헌화가를 노래할 시점에 화자는 돌연 허공 중천을 메아리 삼아 꽃술 흥건한 진혼가를 부르고 있다. 이를테면 청춘기, 지울 수 없는 오월의 화인火印으로부터 자유롭지 못한 부채 의식의 돌출이라 할 수 있을 것이다.

2.

송태웅은 부박한 시단의 대세에 편승하거나 상투성에 매몰되지 않고 나름의 독자적 시풍을 추구한다. 형식에 묶이지도 않지만 굳이 형식을 파괴하려고 들지도 않는다. 서정시가 주조를 이루지만 고루하거나 도식화되지 않고, 경험을 통해 체화된 사유와 진솔하고도 곡진한 감성이 어울려 은밀한 감동을 선물한다. 나아가 그의 치열한 시적 열정과 긴장이 독자들을 통해 세간의 통념에 구속되지 않은 자유로운 상상력으로 발화할 때 감동과 가치는 배가한다.

그 핵심으로 정신주의와 리얼리즘이 두 축을 이루는데, 전자는 생래적 고독과 역사 환경의 산물인 소외, 외형의 결핍을 치유해 나가는 실존적 내면화다. 이 경우, 자연은 정신세계를 형상화하는 상징적 기표나 자아의 등가물로 기능한다. 후자는 거대 담론의 그늘에 가린 미세 담론의 실천적 텍스트화이다. 이를 통해 그의 시는 성찰적 리얼리티를 확보하게 된다.

질 들뢰즈의 설을 빌리지 않더라도 현대판 신유목시대에서는 누구나 노마드의 굴레를 벗어나기 어렵다. 다중적이며 변화무쌍한 사회 풍토 속에서 마음과 사고의 중심을 일관되게 다잡아 가기가 난감한 탓이다. 채 풀도 자라기 전 수시로 새로운 목초지를 찾아 거처를 옮기는 고대의 유목과 달리 현대의 유목은 자본주의의 주 무기인 새로운 유행의 먹잇감을 찾아 무분별한 경쟁을 한다. 문제는 고대의 유목이 자연을 배경 삼아 끊임없는 공간 이동을 하는 것과 달리 현대 사회의 유목은 제자리에서 4차원적 전자기기 조작을 일삼는 데 있다. 이는 자연과의 거리가 소원해지는 문명일변도의 편집偏執 현상을 의미한다. 그런데 송태웅은 이리저리 지향처를 옮기며 실체 묘연한 노마드의 그림자를 좇는다. 이를테면 아날로그형 노마드인 셈이다.
 아래의 시 「섬」을 보자.

 섬에 와서 나는 다시 섬이 되었다 종일 묵언수행을 결심한 행자승을 옆구리에 끼고서 먹을 것 덮을 것 입을 것들을 챙기면서 일주일이 갔다 이곳의 바다는 가끔은 저수지처럼 느껴질 때가 있다 염전을 하느라고 바다를 둘러 막았기 때문이다 저수지는 집에서 키우는 고양이 같다 그렇다면 바다는 초원을 어슬렁거리는 사자겠지 주말이 되어 내가 배를 타고 섬에서 나가든 말든 여전히 바다는 스스로의 가슴에 온갖 표지들을 즐문처럼 새겨 두고 물소의

뿔에 받혀 찢어진 허벅지를 핥고 있을지도 모른다 육지란
실은 조금 더 큰 섬일 뿐이다 나는 작은 섬에서 큰 섬으로
옮아가 내가 살아야 할 작은 섬을 생각하며 술잔을 들기
일쑤였다

— 「섬」 전문

이 시는 "섬에 와서 나는 다시 섬이 되었다"라는 구절에서 시작된다. 여기에서 섬은 양의성을 지니고 있다. 뭍에서 돌아와 섬사람이 되어야 하는 생활 터전으로서의 섬인가 하면, 육지를 꿈꾸는 탈출 대상으로서의 섬이다. 그러나 화자에게는 어디를 가나 섬일 뿐이다. 면적의 크고 작기뿐 하나같이 자아를 가두는 공간을 의미하기 때문이다. 그러기에 화자는 "육지란 실은 조금 더 큰 섬일 뿐"이라는 천문학적 우주관을 밝힌다. 또 "작은 섬에서 큰 섬으로 옮아가"서는 "내가 살아야 할 작은 섬을 생각하며 술잔을 들기 일쑤"였다고 술회한다.

애초 육지에서 나고 자란 화자는 육지조차도 섬으로 보고, 그 크기를 더 큰 섬→작은 섬→더 작은 섬으로 압축하는 조화를 부린다. 더 큰 섬인 육지를 확대하면 우주가 되고, 작은 섬을 축소하면 자아가 되는 것이다. 반면 그 자아는 현실 속의 자아→내면화한 자아→우주적 자아로 심층화된다. 화자는 섬의 크기를 자유자재하는 것처럼 "저수지"를 "집에서 키우는 고양이"로 "바다"를 "초원을 어슬렁

거리는 사자"로 생명성을 부여하며 역동화시키는 상상력을 발휘한다. 그뿐인가. 술잔은 가만히 앉아서 섬을 키우고 줄이는 요술 단지다. 실제로는 손바닥보다도 작은 종기에 불과하지만 술(상상력)과 의기투합만 하면 어느 섬보다도 큰 섬으로, 여차하면 우주 전체와 맞먹을 수도 있다.

> 며칠 전에 배달되어 온
> 누군가의 시집을 뜯어 보았다
>
> 시는 둘 중의 하나라는 생각을 했다
> 꽃의 실존이거나
> 실존의 꽃이거나
>
> 정지된 사물에 대해 사고하거나
> 사고하기 위해 스스로 움직이거나
>
> 　　　　　　　　　　　－「아침 산책」 부분

아침 산책은 시인들을 철학자로 만든다. 화자는 실존을 화두로 칸트와 데이비드 소로의 길을 따라 걷는다. 화자는 사색 끝에 세상살이가 "꽃의 실존"과 "실존의 꽃" 둘 중의 하나라는 결론에 이른다. 여기에서 꽃은 지상의 사물을 미학적으로 함축한 객관적 상관물이다. 화자는 이 꽃을 척도로 본질과 실존의 선후 관계를 되묻는다. 사실 이는 철학

사의 오랜/끊이지 않는 논제로 이데아와 현상, 이상과 현실, 진리와 허위 등 풀리지 않는 이항대립의 변증법적 지양止揚이다. 장자 역시 「호접몽」을 통해 자아(본질)와 외물(실존)이 둘이 아니라는 심오한 이치를 설명한 바 있다. 이는 생멸과 직결되는 테제로 송태웅의 시 도처에서 그 일단을 엿볼 수 있다.

그러나 이 시에서 화자의 실존적 화두는 장자의 소요유처럼 느긋하지만은 않다. "내가 당신을 울면/당신은 전깃줄에 매달려 감전당한/전기공처럼/위태로워질"만큼 절박하고 절실하다.

> 바람 소리가 대숲을
> 쓸고 갔고
> 배고픔이 고양이를 울고 갔다
> 추위가 보일러를 건드리다 갔고
> 나는 한사코 당신을 울지 않았다
>
> 내가 당신을 울면
> 당신은 전깃줄에 매달려 감전당한
> 전기공처럼
> 위태로워질 것이기에
> ─「배고픔이 고양이를 울고 갔다」 전문

"배고픔이 고양이를 울고 갔"고 "추위가 보일러를 건드리다 갔"는데도 "나는 한사코 당신을 울지 않"는 지고지순한 실존이다. "내가 당신을 울면/당신은 전깃줄에 매달려 감전당한/전기공처럼/위태로워질 것이기" 때문이다. 한편, 이 시에서는 화자의 언어 감각이 예사롭지 않은 점에 주목해야 한다. 통상의 어법과는 달리 절묘와 비문非文의 경계를 줄타기하며 감칠맛과 신선한 어휘의 조합을 선보인다. 그런데 여기까지다. 화자는 더 이상의 언어유희를 탐하지 않고 절제를 유지함으로써 정신주의 시의 진면목에 이른다.

아래의 시는 해변의 조개껍질과 몽돌을 빌려 우주의 영원성과 그에 따른 고차원의 정신적 경지를 추구한다.

바닷물에 몸 씻는 돌들은 바닷가 마을 빈집들의 안방에 걸린 가족사진 속의 얼굴들이었다 몽돌들도 한때는 가족사진 속의 얼굴들처럼 이목구비가 선연했을 텐데 예송리에서도 보옥리에서도 몽돌들은 바닷물에 철썩거리면서 끊임없이 무언가 말을 했지만 바닷가 마을에서는 아무런 소리도 들을 수 없었다 전복을 끌어올리려고 밧줄을 사리는 그늘 아래 두엇의 남자들은 굳게 입을 다물고 그저 묵묵했다 그늘은 평생 그들이 입었을 옷이었겠지 내 혀에서 모시조갯살의 비릿한 냄새가 났다 내 영혼은 모시조개 껍데기의 영겁에 비하면 얼마나 될까 나는 나를 끌어올리려고 밧줄의 매듭을 묶었지만 그 매듭은 늘 쉽게 풀리고 말

았다 일찍이 몽돌들이 그리했던 것처럼 지금 몽돌들이 그
러는 것처럼

- 「몽돌해변에서」 전문

화자는 자신의 영혼과 "모시조개 껍데기의 영접"을 비교하며 그 존재 가치를 스스로에게 되묻고 있다. 모시조개 껍데기는 장구한 시간을 빌려 일체의 군더더기를 떨쳐 낸 고밀도의 존재를 상징하는데 마치 김현승의 시 「견고한 고독」에 나오는 '마른 나뭇가지'를 연상케 한다. 몽돌 역시 창파와 풍랑의 집적인 세월과 비례해 더 둥글어지고 반반해진 완전체의 상징물이다. 여기에서 화자는 몽돌과 자신을 미래의 등가물로 상정한다. 다시 말해 무궁한 시간관에 따라 돈오 후의 점수처럼 자아 완성을 향해 불퇴전의 의지를 다지는 정신주의 시의 진수를 담고 있다.

3.

송태웅도 참여시의 메카이던 '남도 리얼리즘'의 세례를 통해 시와 접하게 된다. 그러나 그것은 정치적 암울 못지않은 시적 비극의 서장이었다. 아우슈비츠 이후에 "서정시

를 쓰는 것은 야만이다"라고 한 아도르노의 절망과, 브레히트의 시 「살아남은 자의 슬픔」은 오월 이후 남도의 급격하고도 장기적인 시적 침체를 대변한다. 다시 말해 서정시의 본향이라는 표찰을 녹슨 시간에 저당 잡힌 채, 황량하고 무기력한 집단무의식적 공백기를 공유해 온 것이 남도 시의 현주소이다.

오월은 계절의 여왕으로 불릴 만큼 화사하고 눈부신 약동의 시기다. 남도는 생명의 순결을 대표하는 상징색인 연둣빛과 더불어 가장 먼저 꽃 소식이 울려 퍼지는 곳이다. 그런데 어느 날부터 남도에는 그 '숭고한 자연'의 자연스러운 축복 대신 잔혹하고 암울한 인위의 상처가 불치의 트라우마로 자리 잡았다. 그 후부터 꽃은 아무리 그 자태가 고혹적이라고 해도 예전의 꽃이 아니었다. 아름다운 꽃도 내면의 정서와 흔연히 소통이 되어야만 비로소 꽃으로 보일 수 있다는 진리만을 해마다 5월이면 되새기게 해 줄 따름이다.

나는 늦은 저녁을 먹고
견딜 수 없는 적막에 이끌려
보길의 바닷가를 거닐었다

그러다가 느닷없이
광주 서부경찰서에 연행돼 얼굴의 정면과 측면을

촬영당하던 스무 살 무렵을 떠올리고는
여름날의 소나기처럼 지나간 날들을
해변에 남는 발자국 하나하나에 새겼다

갯내 나는 바람의 강도로
기러기 떼는 편대를 이모저모 만든다
뭍을 향해 이륙하는
그 바람의 등 뒤에 서서
잘 가라고 잘 살라고
손 흔들어 주었다

- 「벚나무 한 그루」 부분

  저녁 후 모처럼 마음 놓고 휴식을 취하는 순간, 불현듯 경찰서에 연행돼 취조당하던 기억이 떠오른다. "견딜 수 없는 적막에 이끌려/보길의 바닷가를 거니는" 평온하고 낭만적인 시간임에도 그 기억은 평지돌출처럼 무의식의 옹벽을 뚫고 나와 심신을 전율케 한다.

  그해 오월, 송태웅은 갓 스무 살의 대학생이었다. 당시 그에게도 젊고 꿈에 부푼 시절이 기약되어 있었다. 그러나 예기치 못한 사건이 교정과 시가지, 외곽, 인근 도시를 짓이겼고, 그 역시 그 참담한 소용돌이에서 비켜 갈 수 없었다. 그리고 역사의 현장에서 산화했거나 심신 양면에 걸쳐 불구의 삶을 연명해야 하는 이웃들을 지켜보며 그 참담한 감정을 함께 추슬러야 했다. 상대적으로/겉으로는 온전하다는 피상적 사실만으로 곤혹스러운 부담감과 아픔을 감내해야 하는 '자기 체벌'이 무기형처럼 그에게도 주어진 것이다.

송태웅은 그 이후 청년기의 분출하는 시적 열정과 재능을 덮어 두고 소시민적 삶의 단순 소박한 지표에 곤고한 심신을 의탁한다. 직간접의 마수에 의해 정의와 양심이 핍박받는 시대, 민중의 평범한 일상적 자유와 평화가 보장되지 않는 사회에서 특별한 혜택이나 위상을 누리는 것은 자기기만에 다름 아닌 위선으로 보였기 때문이다. 그리하여 그는 지극히 평범한 삶에 안주하고자 한다. 이는 역사와 현실에 대한 절망과 극한의 울분에서 발아한 성찰적 내면화로, 돌이켜 보면 자학에 가까운 결벽의 소산이었다.

따라서 이 부분을 헤아리지 않고 그의 시와 시세계를 논하는 것은 피상적 오독에 지나지 않을 것이다. 아직도 그의 방랑, 술, 고독에는 그간 '무거운 침묵'으로 삭혀 온 염세적 허무가 동인으로 작용하고 있기 때문이다. 이런 그를 세상은 가만두지 않고, 휴화산처럼 잠복해 있는 그의 정의감과 민중 의식을 자극한다. 그리고 미시적 일상의 늪에서 빠져나와 거대 담론의 소용돌이에 합류할 것을 부추긴다.

아래의 시 「봉성산 공원에서」의 배경 역시 그 탈일상적 기류의 일단이다. "광화문"으로 상징되는 집회는 민중의 자유와 평등, 진정한 화합, 주인 의식/공동체 의식을 제일의 명제로 삼고 있다. 이때 민중은 산골(섬)의 현실주의자를 거리의 이상주의자로 소환한다. 그러나 여기에서 화자는 미흡한 자신을 돌이켜 보고 어느덧 육십 줄에 이른 연륜에 걸맞은 '건강한 익명의 민중'으로서 '평범한 내실'을 조용히 다지고자 한다.

> 일주일이나 묵묵했던 나날은
> 누구의 어떤 전언을 기다렸나
> 벚꽃이 필 무렵엔
> 경극배우의 분장한 얼굴만 같던
> 구례읍 봉성산 공원의 나무 계단을
> 육십을 눈앞에 둔 사내 하나가 오른다
> 수족관에서 헤엄치는 참게를 떠올렸을까
> 자신의 향을 잃은 갑각류
> 제 집을 떠나 정처 없던 때
> 태풍이 휩쓸고 간 다음 날의 산길에서처럼
> 부러지고 찢겨나간 그대의 생떼여
> 사람들은 모두 광화문으로 갔는데
> 간신히 혼자 남아서
> 제 허물에 말을 건넨다
> 등신거울에 제 모습을 비춰 보며
> 그림자 그림자로만 남은
> 자기 앞의 생을 본다

- 「봉성산 공원에서」 전문

"사람들은 모두 광화문으로 갔는데" 화자는 "간신히 혼자 남아서/제 허물에 말을 건넨"다. 촛불시민들과 한데 어울려 민주와 민중이 혼연일체가 된 광화문 연가를 목청껏 외치고 싶은 충동을 가까스로 억누르고 이를 자아 반조의 충전기充電期로 변환한다. 저간의 부실한 삶과 사고에 대한 치열한 반성을 통해 "그림자로만 남은/자기 앞의 생을" 돌이켜 보고 주체적 자아를 되찾아 성찰적 리얼리즘의 실질을 충실히 다지고자 하는 것이다.

이웃과의 공동체 의식은 남도인들이 전통적으로 계승해 온 집단 정서이자 일상에서 체화된 가치관이다. 평소 두레를 통해 다져진 상부상조 정신은 국가적 위기에는 의병봉기, 동학혁명, 5·18광주민주화운동 등으로 결사화結社化된다. 그러나 송태웅은 남도인의 특질을 보다 실질적이고 비근한 데서 찾아 실천하려고 한다. 해방 이후 오늘날까지 민중의 실상과는 괴리된 채 구호화되고 상투화된 거대 담론이나 가짜 진정성에 대한 공허감을 통절히 반추해 왔기 때문이다. 이는 왜 그가 소중한 인연들과의 끈끈한 인간관계에 몰입하는가에 대한 이해의 실마리를 제공해 준다. 여기에서 소중한 인연은 구호적 거대 담론의 표피나 곁가지를 제거한, 다시 말해 일상생활과 밀착된 미세 담론의 숨은 주역을 말한다. 그리고 거대 담론의 실질적 구체화가 얼마나 필요한 삶의 요건인지 절감하기에 그 필요조건을 실현하기 위한 충분조건의 일환으로 이들과 합세한 미세 담론의 끈끈한 일상화를 추구한다. 진솔한 이웃과 자연에 대한 천착은 단순한 교유 차원을 넘어 보다 근원적이고 실체적인 담론과 자아실현의 통로인 것이다.

송태웅을 그림자처럼 따라붙는 리얼리즘의 마지막 정처는 가족이다. 가족만큼 습관적이고 끈끈한 리얼리즘의 실체는 없다. 어디를 가나, 어느 때나 가족을 떠올리면 금세 절실하고 뜨거운 현실로 다가온다. 그래서일까. 송태웅도 멀리 떠나지 못하고 고향 주변(광주, 순천, 구례, 보길도 등)을 다람쥐 쳇바퀴 돌듯 방랑하는 동안에도 잠시나마 벼릿줄처럼 단단한 가족의 끈을 놓쳐 본 적 없다.

자정 넘은 시간에 읍내로 차를 몰고 나가 라면과 맥주를 사 왔다 화엄 능선의 그늘에 깃들이기 벌써 8년이 되었나 저녁 바람이 볼을 어루만지는데 천수경 독경 소리가 들렸다 배고픔과 목마름을 나는 그 또렷한 인자印字들과 바꾸었다 추석이 가까워져서 어릴 때 어머니와 아버지 형과 누나들 빙 둘러앉아 이제 갓 돌 지난 동생 어루면서 집안 가득 채우던 웃음소리들이 스쳐 간다 돌아오지 않는 기억들을 떠올리며 이제 이순을 눈앞에 둔 내가 심한 갈증이 났나 보다 내일은 마당의 풀을 깎아야겠다 풀들에 섞여서도 꽃을 피우는 두메부추가 살아 있는 한 나도 들

끓는 삶의 와중에 있는 거다 지리산맥 아래에서 내가 망
팔 망구로 늙는다 할지라도 나는 여전히 열아홉 순정인
거다

―「두메부추」 전문

  누구나 결국 죽음에 이르게 되고, 만년에는 가족의 품으로 귀환한다. 어쩔 수 없이 몸은 떠나 있어도 마음은 늘 고향의 부모형제 곁에 머문다. 화자도 지척에 고향을 두고 섬과 육지를 겉도는 처지이지만 그에게 고향과 가족은 늘 새롭고 벅찬 현실적 명제로 강고한 리얼리티를 추동한다. 누구든지 가족을 생각하면 후회가 앞서게 마련이다. 한편, 가족은 이상주의자를 현실주의자로 돌이킨다. 그럼으로써 이상적인 보호자 역할을 한다. 가장 현실적이면서도 가장 이상적인 가족의 품은 지고지순의 인간성을 담보하는 근원적 성소다. 또 시간에 대한 감회를 새롭게 일깨워 주는 기억의 저장고다.

4.

  하이쿠의 거장 바쇼의 방랑에는 외부 환경으로 인한 동인보다도 내면의 자유와 평정을 이루려는 성향이 배경으로 작용한다. 그러기에 자기 관리의 명제인 가난과 고독의

계율을 지키기 위해 어느 한 곳에 오래 머무르는 안일을 경계하며 천하를 유랑한 것으로 전해진다. 치열한 운수행각의 일환인 방랑은 청정한 본성과, 번뇌에 오염되지 않은 평상심의 퇴색을 경계하는 정신수양 차원의 자기 배려였다. 바쇼는 정신 관리가 시에서 얼마나 중요한 요소인가를 몸소 실천한 시인이었다. 수도승적 절제와 인욕을 바탕으로 함축과 언어 미학의 절정인 시를 빚어 일본뿐만 아니라 동양 시의 품격과 질을 높이는 한편 하이쿠를 세계적 시의 장르로 선보인 것이다.

아래의 시 「무당새 날아오는 오후」는 습관적 방랑생활 속에서도 정착을 모색하는 송태웅의 실존주의적 일면이 잘 나타나 있다. 모처럼 방랑벽을 누르고 '이곳'에서 월동 준비를 하는 화자와 '저곳'으로 떠나게 될 "새"의 어긋난 길이 교차하고 있다. 월동 준비가 정착을 지시한다면 새는 유목을 상징한다. 그러나 화자는 새를 통해 미지의 세계인 저곳을 꿈꾸는 노마드적 방랑벽을 숨기고 있다. 새 역시 화자의 분신인 것이다.

    대한이 지나고 며칠 전 내렸던 눈더미
    골목 입구에 고집 센 사람처럼 웅크렸다

    추위를 견디기 위해 동생을 불러다
    마루에 비닐을 치고 마당에서 서성거렸다

그런 나를 목련나무에 날아온 무당새가
물끄러미 바라보다가 키 큰 나무 위로 날아갔다

생각해 보니 새들은 늘 내 곁에 있다가
내가 없는 곳으로 날아가곤 했다

- 「무당새 날아오는 오후」 전문

 섬에서 더 큰 섬을 꿈꾸는 것은 '여기'에서 '저기'로 이동하고 싶은 욕구의 화현이다. 그런데 여기의 새는 "새들"로 복수의 형태를 띠고 있다. 새들은 화자를 포함한 무수의 타자들이며 새들이 떠난 자리는 군중 속의 고독이 앙금으로 남아 있는, 결국 화자가 혼자 남아 설거지해야 하는, 거나한 술자리 뒤의 공허이다. 그리고 새들이 떠난 허공을 무심결에 응시하는 반복적 습관의 모태이다. 결국 이곳에 있어도 저곳으로 비행하고 싶은 원심력과 구심력의 보이지 않는 샅바 싸움이 치열하게 전개된다.

 송태웅은 한 곳에 오래 머물지 못한다. 어쩌면 오래 머물지 않는다는 표현이 적절할지 모른다. 방랑벽의 이면에는 도저한 허무주의와 내밀한 참여 의식이 길항하며 두 축을 이루고 있다. 여기에서 전자는 광장에서의 후유증인 고독을, 후자는 너나없이 정이 많고 따뜻한 남도의 기질을 그 바탕으로 한다. 한편 친지들과의 격의 없는 술자리에서도 전자는 맹목적 첨작으로, 후자는 침 튀기는 열변으로 그 정체를 드러낸다. 걸핏하면 세상 돌아가는 꼬락서니에 염증을 앓으면서도 차마 '더불어 사는 세상'에 대한 미련을 떨치지 못하기 때문이다. 이는 유일한 자신의 소속처인 민중에 대한 연민의 정이 워낙 뿌리 깊고 완강하기 때문이다. 그러나 그 자리를 떠나고 나면 숙취에서 깬 새벽처럼 짙은 허무가 문안을 오고 그럴 때면 그는 버릇처럼 괴나리봇짐을 메고 산천을 주유한다. 그때마다 산과 바다, 절은 번갈아 가며 그의 발자국을 어루만져 준다. 그러기에 그에게는 가족, 친구뿐만 아니라 산새, 야생화, 강가 모래톱, 가로수, 해조음, 등대, 천년 고찰의 데크길까지도 모두가 정겨운 가족의 일원이다. 그리고 자신도 그 대열에 합류한다. 이 범신론적 세계관은 그의 고독과 소외감을 덜어 주는 완충재로 작용한다. 또 혼곤한 허무주의의 늪에서 그를 구출한다. 그 생생한 현장이 저간의 시공을 통시적으로 교직한 이번 시집의 배경이다.

아래의 시에서도 새가 주제로 등장한다.

새는 어디서 와서 어디로 나는가 새는 실체인가 그림자인가 새의 무덤은 지상인가 허공인가 새는 백합조개와 바닷장어와 검은혹등고래와 인도코끼리와 동종인가 이종인가 왜 그들은 영원의 시간 속에서 자신을 말하지 않는가

새가 날며 일렁이는 파장이 나에게 온 오후 숱한 의문
부호를 그리며 석양 속으로 잠적하는 새와 나는 동종이형
인지도 모른다

- 「새와 나」 부분

화자는, 앞에서 제기한 새가 곧 화자의 분신이라는 사실을 "새와 나는 동종이형인지도" 모른다고 실토한다. 그런데 이는 "새가 그림자인가 실체인가"라는 실존적 질문으로 이어진다. 변화무쌍한 우주의 영원무궁한 순환구조 속에서 과연 독자적 실체가 존재할 수 있느냐는 본질적 물음이다. 그 질문은 앞에서 예시한 시 「섬」에서도 되풀이되고 있다.

'섬'은 소외와 고독의 상징적 공간으로 읽힌다. 반면 섬에서 망망대해를 렌즈 삼아 바라보는 육지는 생기 찬 꿈의 무대인 상상의 공간이다. 섬 생활이 핍진할수록 육지에 대한 동경의 수치는 상승한다. 이 경우 육지는 유토피아나 탈현실적 피안으로 상징화된다. 그러나 그 실체는 막연한 환상으로 포장된 신기루일 뿐이다.

화자는 섬에서 육지를 지향한다. 그렇지만 그는 육지도 실은 조금 더 큰 섬에 지나지 않는다는 사실을 잘 알고 있다. 이는 오랜 경험에서 축적된 세계관이다. 더 큰 섬은 그 크기만큼 그에 따른 소외와 고독도 배가한다. 무엇보다도 곤혹스러운 사실은 자유와 평등의 공조가 적정지수에서 점점 멀어지며, 사분오열되어 이전투구를 일삼는 세상을

섬 중의 섬으로 낙후시키고 있는 것이다.

아래의 시는 평소의 달관에 가까운 탈속적 모습과는 달리 노후 대책에 연연하는 생활인의 곤궁한 단면을 여과 없이 보여 주고 있다.

> 저무는 석양에 강가에 가서 모래들에게 묻는다
> 서산으로 저무는 석양은
> 어떻게 저리 절묘한 색채로 우아할 수 있는지
> 고양이들은 풀숲과 세워진 자동차 밑을 오가며
> 하룻밤 쉴 곳을 찾아 헤매고
> 나는 국민임대주택 입주자 모집 공고문을 뒤적이며
> 6.6평 아니면 7.8평짜리 내 노년을 결산할
> 방 하나 찾아 계산기를 두들겨 보았다
> 생각해 보니 석양이 우아한 게 아니라
> 아직 쉴 곳을 찾지 못한 고양이들을 위해
> 빛과 열을 연장해 주자는 하늘의 뜻이었다
> 강가 모래톱에 서서
> 모래들에게 손을 내밀어
> 그들의 코며 이마며 입술이며를 만져 보았다
>
> ―「모래들에게 묻는다」 부분

그러나 현실이 꼭 사막처럼 삭막한 것만은 아니다. "석양이 우아한 게 아니라/아직 쉴 곳을 찾지 못한 고양이들을 위해/빛과 열을 연장해 주자는 하늘의 뜻"이 작동할 만큼 은혜로운 세계이다. 그러기에 화자는 점호를 취하듯 "강가 모래톱에 서서/모래들에게 손을 내밀어/그들의 코며 이마며 입술이며를 만져" 본다. 사실 그 모래들은 남다른 인정의 벨트를 이루며 화자의 주위에 분포해 있는 소중한 인연들이다. 화자는 그들을 절절한 기억 속에서 낱낱이 호명하고 있는 것이다.

  송태웅은 직장 관계로 잠시 은거 중인 섬에서 때로 육지를 떠올린다. 육지는 오랫동안 격조했던 인연들과의 해후를 부추기기 때문이다. 육지에서 그를 부르는 이들은 지리산권에 산재해 있는 친지들과 순천 지역에 포진한 작가회의 회원 등 대부분 문학을 매개로 만난 문우들이다. 그리고 혈연과 지연, 학연의 연고지인 담양과 광주의 인연들이 망향의 배경을 이룬다. 그러니까 그에게 육지는 섬사람들이 동경하는 막연한 미지의 공간이 아니라 구체적으로 익숙한 장소이다. 그곳에서 낯익은 친지들을 만나 술잔을 기울이고 문학적 담론과 담소를 나누는 시간은 그가 섬에서 축적한 고독을 보상해 준다. 그러나 그 시간도 그리 오래 갈 수는 없다. 저마다의 생활이 있고, 나름 창작의 패턴이 있기 때문이다. 또 아무리 친밀해도 남들과 오래 함께 있다 보면 자신만의 세계로 되돌아가고 싶은 충동과 압박감에 기울게 된다. 이른바 군중 속의 고독과도 일맥상통하는 지점이다.

친지들과 어울릴수록 자아회귀에의 압박감은 더한다. 그렇게 송태웅은 섬과 육지를 오가며 섬에서 육지를 떠올리듯 육지라는 더 큰 섬에서 또 미지의 섬을 탐구한다. 그러나 그곳은 섬도 육지도 아닌 고향 이전의 본향, 구원의 모태와 같은 원초적 공간이다. 그리고 그곳은 그의 시세계의 원동력이자 배경이기도 하다. 그는 섬에서는 "불 켜지 않은 등대"처럼 불안하고, 육지에서는 "토란잎에 뒹구는 물방울 하나 같은" 고독한 시인이다. 따라서 화자가 섬에서 육지를 "더 큰 섬"으로 지칭한 속내는 보다 본질적인 데 있다. 더 큰 섬은 곧 지구촌을 표상하며, 화자는 이조차도 우주로 확장해 현대 사회의 협착한 갈등 구조를 해소하고자 한다. 이는 일찍이 장자가 추구한 세계로 송태웅의 시세계는 궁극적으로 장자의 심원한 전략에 맞닿아 있다.

배고픔이 고양이를 울고 갔다

초판1쇄 찍은 날 | 2023년 3월 27일
초판1쇄 펴낸 날 | 2023년 4월 3일

지은이 | 송태웅
펴낸이 | 송광룡
펴낸곳 | 문학들
등록 | 2005년 8월 24일 제2005 1-2호
주소 | 61489 광주광역시 동구 천변우로 487(학동) 2층
전화 | 062-651-6968
팩스 | 062-651-9690
전자우편 | munhakdle@hanmail.net
블로그 | blog.naver.com/munhakdlesimmian

ⓒ 송태웅 2023
ISBN 979-11-91277-67-8 03810

• 잘못된 책은 바꿔드립니다.
• 이 책 내용의 전부 또는 일부를 재사용하려면
  반드시 저작권자와 문학들의 동의를 받아야 합니다.
• 책값은 뒤표지에 표시되어 있습니다.